POEMAS EN BUSCA DE LIBRO

Fernando León

POEMAS EN BUSCA DE LIBRO

Colección Leche de Burra

Poesía

editamás

Primera edición: julio 2025

Foto de solapa: Christian Polanco
Dibujos a plumilla de cubiertas e interior: Fernando León

EDITA:
Editamás, editorial y contenidos digitales

The mark of responsible forestry

DEPÓSITO LEGAL:
BA-000450-2025

ISBN:
978-84-120502-8-8

MAQUETACIÓN, IMPRESIÓN Y PEDIDOS:
www.editamas.com
924 18 07 91

«La música no ha cesado de caer durante el día / Oh ven entre los árboles rebosantes / Las hojas se hacinan sobre la vereda / De los recuerdos.»
(*Música de Cámara*, James Joyce)

«Incluso bajo la corteza de los abedules la vida se pierde / en hipótesis sangrantes...»
(*El hombre aproximativo*, Tristan Tzara)

«Yo junto estas palabras para cuatro personas, / Algunos no pueden oirlas, / Oh mundo, lo siento por ti. / Tú no conoces a estas cuatro personas.»
(*Causa*, Ezra Pound)

«Para Quevedo, como para Mallarmé o para Joyce la palabra es lo intrínseco.»
(J. L. Borges)

(Badajoz, finales de los 80 - 2023)

prefacio

Nos encontramos en este espacio, en un contexto civilizatorio en torno a la poesía en un tiempo difícil –pero muy rico–, que aun con amenazas e incertidumbres esperemos sea cada vez más vivo de convivencia pacífica, tolerante y creativa; con buen uso de la palabra, la razón, la política, la ciencia, el pensamiento y el arte, para que nuestros jóvenes no sean la parodia de profecía autocumplida que pretenden sectores involucionistas que prostituyen el lenguaje para instalar un relato que les sirva para justificar totalitarismos. La palabra y las lenguas son para comunicar y crear, no para hacer ruido. Para Borges, «la palabra es lo intrínseco». Y Hölderlin pide en *El Archipiélago* «Déjame escuchar el silencio en tus profundidades».

Con crisis climática, hambrunas, epidemias, pobreza, desigualdades, guerras, depredación de recursos, desinformación, desplazamientos masivos de refugiados e inmigrantes, parece que el mundo se va por un sumidero. Es el mensaje que los caudillos quieren instalar en la opinión pública, con el fin de hacer ver que la democracia y la institucionalidad no sirven, cuando lo cierto es que son la base para la convivencia y un desarrollo sostenible sustentado en los derechos humanos, cívicos, políticos, socioeconómicos, laborales, de igualdad y de justicia social. En realidad hay datos esperanzadores; índices que indican que se van resolviendo problemas, de poco a poco, no de modo uniforme ni todo el tiempo en todos los sitios, pero sí, con mucho esfuerzo se avanza. Y la poesía, como el resto de las artes, es un punto clave civilizatorio. Sí, es útil en su esencia creadora para iluminar en la oscuridad, nutrir la mente y el corazón, sanar heridas del alma y remover los panales del *statu quo* para polinizar los ecosistemas humanos.

María Zambrano propone en su *Razón poética:* «La poesía vendría a ser el pensamiento supremo para captar la realidad íntima de cada cosa, la realidad fluyente, movediza, la radical heterogeneidad del ser»; superando «la dicotomía entre la razón estrictamente lógica y la intuición», unidas en una noción superior que desarrolla en *La Razón en la sombra* y *Claros del bosque* explorando «la relación entre pensamiento racional y lo poético», para «comprender la realidad desde una perspectiva más completa y humana». Y aunque el consenso sobre realidad parece hoy roto, aún viene a fortalecer *la razón poética* que desmitifica el bucle de Baudelaire «ser sublime sin interrupción», tan purista al fin y al cabo, y tan agotador.

La razón poética –y su dimensión ética– que Zambrano halla en Parménides, Juan de la Cruz, Hölderlin, Machado, Heidegger, o Unamuno –que también ejercita el gremio *Maldito*, Baudelaire, Mallarmé, Rimbaud, o Nerval, Poe, Artaud, L´isle Adam, Kerouac, Ginsberg, Panero o Haro Ibars, cada uno en su ser–, lleva a «estar en la vida comprendiéndola en completud» y a buscar la propia. Como Celaya –cantado por Paco Ibáñez y Serrat–, no concibo la poesía «como un lujo cultural de los neutrales», ni lujo a secas; y su «arma cargada de futuro» –«de bromuro», diría Panero–, tiene sentido como metáfora de resistencia, como el de «alegría» para Almudena Grandes.

Escribe Heidegger en *Hölderlin y la esencia de la poesía*: «Sólo la poesía, que es la esencia del lenguaje, puede preparar adecuadamente el advenimiento del ser». Huidobro dice en *Altazor*: «Un poema es una cosa que nunca es, pero que debería ser». Virgilio lo condensa en un verso que puede explicar el mundo: «Los árboles se han repartido sus patrias». Baja a la calle Alberti en su *Encuentro metafísico*: «Hoy me tropecé con la vida en una esquina». Pacheco tiene en su «estética antipoética» la razón «de los desheredados». Valhondo halla en la poesía «el conocimiento del hombre». Ángel Campos desvela y oculta en *Cali-grafías*: «El día no contiene los espacios / ni el vacío habitable del poema / la imagen del que lo escribe.» Y Pessoa advierte también, musicado por Silvia Pérez Cruz, en *El poeta es un fingidor*, que «Finge tan completamente / que hasta finge que es dolor / el dolor que en verdad siente».

Sirva esta introducción para compartir la razón poética del proyecto editorial *Colección Leche de burra*, expresamente creada para esta edición, que consta de cuatro inéditos: *Pasajero en la niebla, La piedad del crimen, Poemas en busca de libro* y *Versos des-a(l) mados;* y la reedición de *Babel - Al Límite* (opúsculos libros-objeto), *La pasión de un loco, Guillermina* –de 1983 a 2023, selección revisada y con algún texto más reciente–, y *Código iris* (2023/24). La edición es como lote de los ocho libros, o bien cada uno individualmente, diseñada con el esmero y la pulcritud con que se ha creado su contenido, que se presentó en una lectura pública titulada *De quimeras y entelequias*, en el Aula Ámbito Cultural, de Badajoz, en abril de 2025.

Poemas en busca de libro eúne una serie de poemas de temáticas diversas, textos extraditados o nacidos en soledad, surgidos como islas que conforman un archipiélago, expuestas a los azotes y/o a las caricias del mar, el viento y el sol, elementos naturales –como tropos– que acompañan y no siempre explican la anomalía de un hecho como surgir un trozo de tierra –poema– desde el fondo del océano –lengua y vida– elevado por fuerzas telúricas.

Los textos se escribieron entre finales de los años 80 y el 2023, y encuentran un nexo en la mirada del autor hacia el objeto poético –con su razón y punto de vista–, en una propuesta de compartirlo y de diseccionar su anatomía en el instante o el tiempo mantenido de la acción-hecho-emoción, o en el agrupamiento que hace de los poemas –algunos ya publicados en revistas y en libros colectivos; y varios de ellos dedicados–.

Además de en la mirada y en la disección, los versos se encuentran en el afán de compartir un sentido de orfandad y unicidad dentro de un ecosistema poético que fluye, como resultado de una búsqueda de los propios límites, un modo como otro cualquiera de justificar el fracaso de un intento más de escalar el Parnaso.

Mira.
Fíjate cómo mis rasgos se evaporan
cuando cae la tarde
montando en bicicleta
y no he copiado aún siquiera los problemas.

Mira mi cara helada
los peces que vuelan por mis ojos
los pájaros que corren por mi barba
gatos que acarician las estrías de mi piel.

Fíjate cómo mis manos arrancan
musarañas
con las uñas arrasadas.

Mira la consciencia
obnubilada
cómo se derrite mi cabeza
con la luna nueva iluminada
y escucha:
antes de que el cerebro se esparza,
pasa tu mano por mi rostro
y después
recoge las palabras.

Valor de ley, en la colina

La colina verde ondulada se abre
al horizonte sobre un cielo azul
desvaído a gris, un día tocado
de una luz tamizada por la brisa
del mar, que se percibe en lo salobre
del aire, en la voz del acantilado
que se intuye; no se ve, mas lo corta.

Colmada por la silueta de un roble
con siglos de vigor, casi perpetuo,
desnudo en su esbeltez sobre la cima
tapizada de hierba, en su esqueleto
de tronco aguerrido y copa vacía
abierta en ramas, perfilada al aire.

Bajo su sombra reza una mujer
ante cinco lápidas erigidas
sobre un camposanto pequeño, abierto,
en composición de piedras y el árbol
que esculpen la cima de la colina
como una corona verde ondulada.

Enmarcada entre la pradera y el nublo
arrastra su tristeza la mujer
aun de fondo, paraje en el que espira
su soledad más profunda y silencia
un rezo cosmogónico diluido
en siete trazos sordos, en la cumbre
sobre la colina verde ondulada.

Dirime así la dama su venganza
con un duelo sin lágrimas, sin gestos
la esperanza, en un difuso perfil
que comparte con el árbol desnudo
y cinco losas en un megalito
contemporáneo mas reducido
en pérdidas ya mineralizadas.

Sello de un instante sin tiempo, tanto
es de la vida como de la muerte.
Colmada en su sencillez y belleza
triste, se impone en su *valor de ley*
la mujer que resiste junto al roble
desde la colina verde ondulada.

(La colina verde ondulada se abre a horizontes que se perfilan limpios como sucede después de una tormenta, con un cielo de habitual azul, ahora desvaído a gris, un día tocado de una luz tamizada por la brisa del mar, que se percibe en lo salobre y en el sonido de las olas que horadan algún acantilado que se intuye; que no se ve, mas lo corta y difumina. Colmada por la silueta de un roble recio erguido y sin fronda en su vejez, casi perpetuo, desnudo y esbelto en la cima de la colina tapizada en hierba, en su esqueleto de tronco aguerrido y de copa vacía, abierta en ramas.

Al pie del roble reza una mujer ante cinco lápidas, en un camposanto diminuto, abierto; composición de piedras y árbol esculpen la cima sobre la colina verde ondulada. Enmarcada entre la pradera y el nublo de la cúpula celeste, arrastra su tristeza la mujer, aun de fondo; paraje en el que espira su soledad más profunda y silencia una oración cosmogónica dibujada en siete trazos sordos, al fondo de la línea que encumbra la colina con su manto verde de ola ondulada.

Dirime así la mujer su venganza en duelo sin lágrimas y sin gestos la esperanza, en un difuso skyline que comparte con el árbol desnudo y cinco lápidas en un megalito contemporáneo y aminorado en pérdidas ya mineralizadas; sello de un instante sin tiempo tanto en vida como en la muerte. Y colmada en su sencillez y belleza triste, consigna su valor de ley, élla, que resiste erguida junto al roble, allá, donde la colina verde ondulada.)

(Badajoz, 2023)

Homenaje a Ángel Campos

Murmullo de luz

Reverbera en el río la luz de invierno como un murmullo.
Al ocaso, bajo un vestido de hilo, alborea su abismo.

(*Recobrada Memoria*, 2022)

... Van cinco meses ya.
El narcisismo no se cura.

(*Cuentos a modo de Monterroso*
La Luna de Mérida, 1993)

Tedio

Secuestrado me has el espíritu
de entre los vivos,
                                        tedio.
Preso de esta decadencia,
yo, creador de lisonjas que caía
en cada tentación con gracia
exquisita, atado voy ahora
                                                            y obscuro
a la virtud del pobre.

(*Calle Mayor*, 1989)

Último trago

Bebíase el metal sediento a compás
soplando con labios resecos
                                        y engañó
a la aurora con el último trago.

Siempre aquella canción triste,
cobijo de veredas y estrellas
de besos mudos de palabras no dichas
de verbos en pretérito de manos vacías
de agotados recuerdos en gerundios incesantes
de interrogantes a medio camino
de horizontes de calles sucias y fantasmas.

Siempre aquella canción que resbalaba
de un vaso de bourbon a otro. Sonaba
también -creo- la huidiza tarde de mi funeral
como un susurro, un gemido sin opinión,
siempre al borde de otra cornisa, ya sin voz,
con la mirada en descenso suplicando
una copa más, por favor;
sólo una copa más... -ya sin voz-.

(Versión en verso de una estrofa en prosa
poética del libro *La pasión de un loco*, 1983.
Publicado en *Calle Mayor*, 1989)

A Irene L. C.

Los sonidos del agua

Te aferras a los sonidos del agua,
caracolas que desvelan el juego
de la niña que se ríe y te atañe;
te salva su torrente de palabras
sabias y de recién, apacentadas.

Carcajadas de luz visten de nueva
la mirada con gafas de arco iris, limpias,
desempañadas, para descubrir de nuevo
el mundo en su voz cristalina
y cuando peina su flequillo de rizos.

Nunca nada antes enarboló el don
primigenio de la vida y su sonrisa
como identidad del propio nombre:
paz, esperanza recién nacida, e ilusión,
ahora sí, de que el amor vence al miedo.

(Nuevo Alor, 1983)

A Pablo L. C.

Niñez

Crecen los árboles de noche
al amparo de la luna.
No hay luciérnagas.
La tierra está húmeda.
Dentro, entre silencio y silencio,
el niño de la casa llora.

Hay recodos del pasado
que devuelven una luz en la sombra,
la penumbra de una emoción
que no se puede apagar
sin que se decante el alma.
Es un instante; tanto el tiempo.

Canciones hasta el susurro
y el silencio; que no se despierte
del vaivén entre los brazos.
Cuánta mudanza para volver
a un rincón del camino donde
rescatar la niñez que sana.

(*El vuelo de la palabra*, 1998)

Beso de tinta

Laborioso espacio dejas, sin ira,
con tus versos tras de tu rastro
en territorio amapolado,
en el confín del dolor.

Una muerte figurada de sentencias,
una carta para el albacea, sin sello,
fragancia de un beso teñido de tinta
sobre labios dolidos de ausencias.

Se aleja el que se fue de tu imagen desfigurada.
En su lugar queda una línea indeleble, esbozo
de sus oquedades implorando la argamasa
fósil de la eternidad en los cantos de maitines.

(Homenaje a san Juan de la Cruz.
IV Centenario. Kylix)

Escanciada Safo

La vida no transita
por compartimentos estancos,
fluye en la poesía si escancias
los versos de Safo,
décima musa de Platón,
de Catulo cuando llora
el desamor de su amada Lesbia.
Y se abre a otros versos
si Guillermina da su permiso.

Ocaso

Horizonte salobre
incierta línea de playa
opaco el cielo de nubes
plomizo mar primero
turquesa luego y azul
plúmbeo ya con el ocaso.

Delirio a contrapunto

Caída de hombros
                    caídos
con desgana casi elegancia.
Rodillas al compás
                    que marcan
los pies
         sin estridencias.

En leve cabeceo
las manos se organizan
en néctar de notas pausadas
                    sobre cuerdas en el mástil
de una guitarra afinada en blues.

A su lado, otros músicos tocan
ya la armónica; uno canta a contrapunto;
el público bebe que te charla
                              y junto a él,
como un delirio,
                 un viejo al piano
en tensión le responde.

Así vagan en su improvisación
hasta que la melodía se extingue
etérea
        como humo sobre sus auras.

Abismo

Despierta el miedo al abismo
cada mañana
                    y no sabes
qué será de ti hasta que amanezca.
De nuevo el temor
                          al alba
cada mañana,
                    y nunca sabes.

Sintaxis del rebuzno

Qué hizo Juan Ramón con Platero
sino ordenar la sintaxis
de la naturaleza
del rebuzno
con sus versos.

Enrubesce su pelaje
al sol
el asno,
hociquea, abre las orejas y regala
su noble mirada
transparente.

Qué más triste

Qué ha más triste
                          que un cuartel
un domingo por la tarde,
más fúnebre:
calcetines tendidos
banderas colgadas
centinelas aburridos de patriotismo;
sin lectura
            y el cuerpo
                              pisoteado
de tanto el miedo.

Verbo

Qué ha del verbo
que se escupe al hablar.
Dicen los hombres,
oficiales poetas,
barbaridades del verbo:

Que si bello
y más
que si dulce
que si nuevo
que si blanco
que si rosa
que si fruto
que si amor.

Mas yo digo: Mentiras
necedades;
el verbo es un clavo que rompe
al entrar y chorrea poesía de tul
en un espeso tango de despedida.

(Hoja Parroquial de Alcandoria, 1983)

Sincronías

Silencio en el espíritu
música en el cosmos
equilibrio en el agua
mirada de ojos cerrados.

Espacio en libertad
anchura en la frontera
camino de la mente
con tacto al pensamiento.

Tecnología del martillo
dolor en la belleza
humor en el cerebro
poesía en síncopa.

Matemática del árbol
arte en el espejo
mensaje síncrono
del mundo a los sentidos.

‘El maleficio de la mariposa’

Baila la bailaora el vuelo
silente de la mariposa.
Marca el ritmo la respiración
que airea el cimbreo
de alas polinizadas al compás
por bulerías.

Enredada en volantes torna la crisálida
en metamorfosis; agita la seda
deletrea pasos al son de caderas
taconeo de zambra, flores en la mirada,
voluptuoso zapateao de un *Anda jaleo*
lorquiano *dalicoreografiado*.

La guitarra ya no vibra sola en su caja:
cuerdas percutidas resuenan de cola;
vientos en túnel de llaves horadado vibran
sobre un nido de percusión y contrabajo
que pautan el tablao entre repiqueteos y volantes
que ceñidos se voltean en danza perfilada

por un soplo de flauta, un canto de cello
que abraza para dejar a la bailaora
sola en su contoneo con sonido de palmas
y cajón orquestados de fondo,
en su enjambre de dedos enredados
en el *Maleficio de la mariposa*.

Aleph

De continuo converge el mundo
-el espanto- y a la vez disgrega
la expansión del núcleo de sí mismo
extrapolado
y mortifica con su escándalo de lo absoluto
la existencia de quien -loco- aguarda
purgar la culpa de poseer una biblioteca
y no conocerla hasta el fin.
La inmortalidad y el conocimiento son asuntos
humanos. El universo no lo necesita.
El Aleph deviene en silogismo falso.

Sigilo

Tan sigilosa es la vida
que al menor descuido te descubren
y acto posterior
                    te la roban,
sin a cambio dejarte la muerte.
Y así vagas
                y enloqueces
tan solo con lo puesto.

Muralla

Muralla, baluarte/muro
testigo de pasiones y muertes,
vieja traza ciclópea tendida
sobre un lecho de agonía.

Entre sus cantos se posa
el aura herida de las víctimas
y resbala la sangre ácida
hasta el foso hirviente de margaritas.

Bajo el lodo de sus mazmorras
se filtran suspiros de amor encadenados,
sordo del suplicio aislado, embebido
del sufrimiento de una doncella.

Ella en su estrella; aquélla, la más bella
de cuantas han nacido, se eleva de noche
en la muralla con el luto atrapado, zaherido.
Sube el hedor de cuerpos putrefactos cuando la luz

de la luna lunera se enreda sin que el tiempo
se desmorone en sus almenas, y concita la lluvia
a un baile de seres opacos para un dios
que se dice transparente y ni se inmuta.

Yo también puedo escribir los versos más tristes esta noche

Yo también puedo escribir
los versos más tristes esta noche;
a usted, señora, a mi amor trocado en frío,
hecho ya soledad; sucios poemas
trabados en áspero papel de estraza
a la luna, que cunea mi cansancio,
a los gritos que asustan a las sombras,
al silencio, a la música, que alejan el vacío y su ruído.

Yo también puedo escribir
los versos más tristes esta noche,
recomponiendo la mirada distraída en la fuga
de mis espantos, en el deambular sonámbulo
por las aceras, en el reclamo de mis pasos
enlentecidos que me arrastran, perdidos, como
viajero sin horizonte. Sí; la mirada, hacia dónde;
en busca de qué; qué agita mis desvelos.

Yo también puedo escribir
los versos más tristes esta noche,
ahogar el cuerpo hasta el desmayo,
sujeto a tus vestidos con agujas
con plegarias al pulmón de lo eterno
para atrapar el aire al viento, dar el último
suspiro que apague voces de esperpento
y deshojar de las manos sus dedos.

Yo también puedo escribir
los versos más tristes esta noche.
Mas, finalmente, haré, aun dolido,
como si nada de lo anterior hubiera dicho,
como si mis versos, más que tristes,
estuvieran malditos.

Poema en vuelo a su despedida

Vuela el autor tetuaní en su poema, aletea
a ras del horizonte entre tropos, olas de nubes
donde el mar levanta el sólo nombre de su latido,
navegando palabras de lenguas líquidas
como tormentas de arena que lo ocupan todo
y lo sumergen en el deseo, en la memoria
de una tierra aprehendida, de historia lirilizada.

Y vuelve cada vez en busca de unos (a)brazos
de certidumbre, de una diosa renacida,
reencontrada en una mirada de almizcle,
en manos fervientes que le acaricien el alma.
Mas para luego desvanecerse en musa
estela de polvo y silencio que le espesa el aire
que respira, inesperado adiós hasta que desciende
a la tierra en su tumba; y el autor a su desconcierto.

El libro Poemas en busca de libro de la colección
LECHE DE BURRA
terminó de editarse e imprimirse
el día 30 de Julio de 2025
en los talleres gráficos de
Editamás editorial de Badajoz.